Inhalt

Steht Deutschland vor einer Rezession? - Die Experten sind sich uneins

Kernthesen

Beitrag

Fallbeispiele

Weiterführende Literatur

Impressum

Steht Deutschland vor einer Rezession? - Die Experten sind sich uneins

R.Reuter

Kernthesen

- Die Finanzkrise wirkt sich immer stärker auf die Realwirtschaft aus.
- Verlangsamt sich das Wachstum in Deutschland im vierten Quartal erneut, wäre Deutschland per definitionem in einer Rezession.
- Ökonomen und Wirtschaftsforschungsinstitute warnen jedoch vor einer Panik und sehen den Folgen der Finanzkrise noch gelassen

entgegen.

Beitrag

Der nachlassende Export und die schwache Binnennachfrage haben zu einem Streit unter den Gelehrten geführt, wie sehr sich die Wirtschaft in eine Krise hinein bewegt. Der Arbeitsmarkt spürt von einer Rezession noch nichts und präsentiert sich weiterhin mit hervorragenden Zahlen.

Die Realwirtschaft im Sog der Finanzkrise

Die Finanzkrise hat die Konjunktur erreicht. In den USA, Asien, Europa und Lateinamerika gehen die Wachstumsraten in vielen Branchen deutlich zurück. Gestritten wird indessen, ob sich die Länder nur in einem konjunkturellen Abschwung befinden, oder ob eine handfeste Rezession bevorsteht. Ein renommierter Experte von der University of California in Berkeley hat da keinen Zweifel: Die USA stehen vor einer tiefen und langen Rezession, die auf den Rest der Welt ausstrahlt. Ähnlich sieht dies die Commerzbank, die der Bundesrepublik attestiert, auf dem Weg in die Rezession zu sein. (1), (2)

Ölpreise und Eurokurs tun ein Übriges

Nicht nur die Finanzkrise macht der Konjunktur derzeit Schwierigkeiten. Weitere Faktoren sind die trotz Preisrückgangs weiterhin hohen Ölpreise und der exporthemmende, hohe Euro-Wechselkurs. Spanien, Irland und Frankreich sind überdies von einer tiefgreifenden Immobilienkrise erfasst. Diese Mehrfachbelastung hat die Stimmungsindikatoren im Euroraum stark nach unten gezogen. (3)

Schlechte Prognosen

Die Ökonomen haben ihre Konjunkturprognosen daher deutlich gesenkt. So erwarten die Experten der EU-Kommission in diesem Jahr nur noch 1,3 statt 1,7 Prozent Wachstum. Diese Erwartung resultiert allerdings aus dem annehmbar verlaufenen ersten Quartal, in dem die Wirtschaftsleistung im Euroraum um 0,5 Prozent stieg. Die Wachstumsprognosen für Frankreich, Spanien und Italien revidierte die EU durchweg deutlich nach unten. Da diese Länder wichtige Handelspartner der deutschen Wirtschaft sind, wird dies auch die Konjunktur hierzulande in Mitleidenschaft ziehen. (3)

Deutsche Bank sieht Rezession

Besonders deutlich hat sich unlängst die Deutsche Bank zu Wort gemeldet: Eine Rezession ist für die alte Welt, also USA, Europa, Japan, nicht mehr zu vermeiden, sagte Chefvolkswirt Norbert Walter. Schon im dritten Quartal sei das Wachstum zurückgegangen, was für das laufende Quartal ebenfalls zu erwarten sei. Die definitorischen Voraussetzungen für eine Rezession zwei aufeinanderfolgende Quartale mit negativen Wachstumsraten wären damit erfüllt. Auch die Experten, die den BME-Einkaufsmanagerindex für die deutsche Industrie erstellen, der Internationale Währungsfonds und das Institut für Weltwirtschaft (IfW) sehen Deutschland jetzt schon in der Rezession. (4), (5)

Kein Grund zur Panik

Betont gelassen gibt sich indessen immer noch das Gros der Experten. 70 Prozent der Ökonomen sind der

Ansicht, dass übertriebene Konjunktursorgen nicht angesagt sind. Als beruhigendes Beispiel wird der 11. September 2001 herangezogen, in dessen Folge eine weltweite Wirtschaftskrise beschworen wurde, aber nicht eintrat. Auch bei anderen Krisen habe sich herausgestellt, dass sich die anfänglichen Unkenrufe nicht bewahrheiteten.

In das gleiche Horn bläst der Deutsche Industrie- und Handelskammertag (DIHK), der für Rezessionsängste ebenfalls keinen Grund sieht. Zwar kühle sich die Konjunktur ab, von einem Einbruch könne aber nicht die Rede sein. Positiv sei beispielsweise zu vermerken, dass die Kreditvergabe an die Unternehmen zwar beeinträchtigt sei, im Großen und Ganzen aber weiterhin funktioniere. (7), (8)

IW beschwichtigt ebenfalls

Auch das Institut der deutschen Wirtschaft (IW) ist überzeugt, dass Deutschland keineswegs der freie Fall in die Rezession drohe. Für dieses Jahr rechnet das Wirtschaftsforschungsinstitut mit einer Zunahme der Wirtschaftsleistung in Höhe von 1,7 Prozent. Die Prognose entspricht den Voraussagen vier anderer Institute, die von der gleichen Wachstumshöhe ausgehen. (2)

EZB noch optimistisch

Bedingt optimistisch hat sich auch die Europäische Zentralbank (EZB) geäußert. Sie erwartet für 2009 ein Wachstum von immerhin 0,6 bis 1,8 Prozent. Zudem hat die Bank die Hoffnung, dass eine allmähliche Erholung von der gegenwärtigen Schwächephase bevorsteht. Für den Fall, dass die Finanzkrise noch stärker eskalieren sollte als bisher, ist indessen auch die EZB überzeugt, dass eine Rezession nicht zu vermeiden ist. (3)

Ungute Signale aus der Druckmaschinenindustrie

Als ein Frühindikator für die kommende ökonomische Entwicklung gilt in Deutschland die Druckmaschinenindustrie. Sie befindet sich auf Talfahrt, was der Befürchtung einer nahenden Rezession neue Nahrung gibt. Auch der gesamte Maschinenbau, der sich bisher als weitgehend konjunkturresistent erwiesen hat, muss in diesen Wochen deutliche Abschläge bei den Auftragszahlen hinnehmen. Wegen der Finanzkrise sind die Kunden vorsichtiger geworden und warten mit Aufträgen ab, so VDMA-Experte Olaf Wortmann.

Bremsspuren melden auch die Autoindustrie, der Einzelhandel und die Banken. Daimler etwa musste kürzlich eine Gewinnwarnung herausgeben, die den ohnehin im freien Fall befindlichen Dax noch schneller nach unten zog. (1), (2)

Schlechte Stimmung in den Vorstandsetagen

Die gelassene Haltung vieler Ökonomen wird von den Verantwortlichen in den Unternehmen nicht geteilt. Eine Umfrage des Münchner ifo Instituts für Wirtschaftsforschung hat ergeben, dass unter 521 befragten Unternehmen 60 Prozent von einer längeren Durststrecke ausgehen. Der ifo-Geschäftsklimaindex, der als wichtigster Frühindikator der deutschen Wirtschaft gilt, sank um 1,9 auf 92,9 Punkte. (1)

Export ist stark betroffen

Bis zum Frühjahr lief es für die deutschen Exporteure sehr gut. Insbesondere der stark exportierende Maschinenbau profitiert seit Jahren vom Bestellhunger der Schwellenländer. Doch auch der Außenhandel der anderen Branchen glänzte. Seitdem hat die Exportdynamik deutlich nachgelassen, im zweiten Quartal um 0,2 Prozent gegenüber dem Vorjahreszeitraum. Die Lieferungen in die USA gingen sogar um 6,5 Prozent zurück. (1)

Binnennachfrage kann Export nicht ersetzen

Die Hoffnung, der schwächer werdende Export könne durch eine wachsende Binnennachfrage ausgeglichen werden, scheint derzeit trügerisch. Schon seit dem Herbst des vergangenen Jahres gehen die privaten Konsumausgaben kontinuierlich zurück. Da die hohen Energiepreise den Bürgern und Unternehmen ohnehin auf dem Portmonee liegen, ist an einen Anstieg der Konsumausgaben nicht zu glauben. (1)

Fallbeispiele

Konjunkturprogramm rückt näher

Die Bundesregierung berät derzeit über Maßnahmen, um der schwächelnden Konjunktur neue Dynamik zu verleihen. Entlastet werden soll die Wirtschaft um rund 15 Milliarden Euro, etwa durch eine bessere steuerliche Absetzbarkeit von Krankenkassenbeträgen. Ein umfangreiches Konjunkturprogramm lehnt die Kanzlerin indessen weiterhin ab. (10)

Weiterführende Literatur

(1) In einem Boot
aus WirtschaftsWoche NR. 040 VOM 29.09.2008 SEITE 022

(2) Das böse R-Wort // Rutscht Deutschland in die Rezession? Die Experten streiten - aber der Aufschwung ist vorbei
aus Der Tagesspiegel Nr. 20043 VOM 02.10.2008 SEITE 019

(3) Der Euro-Raum am Rande einer Rezession
aus Frankfurter Allgemeine Zeitung, 01.10.2008, Nr.

230, S. 14

(4) Die Angst vor der Rezession wächst
aus WirtschaftsWoche online vom 20081001, 14:29:40

(5) Es kracht
aus DIE ZEIT Nr.41

(6) Analyse Rezession rückt offenbar näher - In einigen Branchen droht Stellenabbau Steigen jetzt die Preise und die Steuern?
aus Hamburger Abendblatt, 02.10.2008, Nr. 232, S. 25

(7) Ökonomen lässt Börsenpanik kalt Auf Angstattacken an den Finanzmärkten reagieren Volkswirte immer wieder auffällig gelassen - so auch jetzt. Zu Recht?
aus Financial Times Deutschland vom 01.10.2008, Seite 16

(8) Von Krisenpropheten und Gesundbetern
aus ftd.de vom 01.10.2008

(9) Arbeitsmarkt trotzt der Krise
aus Süddeutsche Zeitung, 01.10.2008, Ausgabe Deutschland, Bayern, München, S. 34

(10) Kritik an Konjunkturstütze
aus Handelsblatt Nr. 203 vom 20.10.08 Seite 1

Impressum

Steht Deutschland vor einer Rezession? - Die Experten sind sich uneins

Bibliografische Information der deutschen Nationalbibliothek

Die Deutsche Nationalbibliothek verzeichnet diese Publikation in der deutschen Nationalbibliografie; detaillierte bibliografische Daten sind im Internet über http://dnb.d-nb.de abrufbar.

ISBN: 978-3-7379-1645-5

© 2015 GBI-Genios Deutsche Wirtschaftsdatenbank GmbH, Freischützstraße 96, 81927 München, www.genios.de

Alle Rechte vorbehalten. Dieses Werk ist einschließlich aller seiner Teile – z.B. Texte, Tabellen und Grafiken - urheberrechtlich geschützt. Jede Verwertung außerhalb der Grenzen des Urheberrechtsgesetzes bedarf der vorherigen Zustimmung des Verlags. Dies gilt insbesondere auch für auszugsweise Nachdrucke, fotomechanische

Vervielfältigungen (Fotokopie/Mikroskopie), Übersetzungen, Auswertungen durch Datenbanken oder ähnliche Einrichtungen und die Einspeicherung und Verarbeitung in elektronischen Systemen.